Made in the USA
Monee, IL
01 February 2022

90403312R00057